車椅子の人も片麻痺の人も

いっしょにできる新しいレクリエーション

斎藤道雄 著

黎明書房

はじめに
レクにとらわれないレクの本

　この本は，シニアのレクリエーション活動をじょうずに支援するための本です。
　そして，ぼくがこの本でお伝えしたいのは，
　"レクリエーション"という枠にとらわれずに，シニアの満足する方法（レクリエーション）を考える，ことです。

　なので，ゲームや体操だけでなく，夢をかなえる，夢をプレゼントする，手紙を書く，手伝いをするなど，これまでのレクリエーションとは違う，ちょっと変わったものがあります。
　これらは，ぼくが実際の現場で，実践したり，見たり，聞いたりしたものばかりです。

　「いそがしくて，レクリエーションをする時間がとれない」
　介護の現場で，スタッフからそのような話をよく聞きます。
　そのお気持ちは，大変よくわかります。

　そんなときには，笑顔であいさつするだけでもいいのです。
ニッコリ笑って，「おはようございます」。たった，それだけでも，言われた人は気分がよいものです。
　一人ひとりの気分がよくなれば，その方法は何でもいいはずです。集団でするレクリエーションだけが，レクリエーションではありません。
　人の心を豊かにする，その方法こそが，まさにレクリエーションです。

　「こんなのもあり？」「これでもいいんだ！」「自信がついた」

　この本を読んで，そう感じてもらえたら，とてもうれしく思います。

本書はこんな人におススメです

- シニアのレクリエーション活動の支援をしている人。

- レクのスキルアップを目指している人。

- ゲームや体操のレパートリーをもっと増やしたい人。

- レクリエーション活動に新しいアイディアが欲しい人。

- ゲームや体操をするのに，何をしたらよいかわからない人。

- 参加者（シニア）の心身機能にレベルの差があり，どのレベルに照準を合わせたらよいかわからない人。

- リハビリデイサービス，老人ホーム，特別養護老人ホーム，介護施設，グループホームなどの現場スタッフ。

- 運動指導員，理学療法士，作業療法士など，シニアの健康づくりに関わる人。

- シニアご本人。

もくじ

はじめに　レクにとらわれないレクの本　2
本書はこんな人におススメです　3

スキンシップ編
① ベストスマイル　6
② 握手！　8
③ 首飾り　10
④ 折り紙　12

マインド編
⑤ 手伝いをする　14
⑥ 人生を物語にする　16
⑦ 夢をかなえる　18
⑧ 夢をプレゼントする　20

ムードづくり編
⑨ いちにいさん・オー！　22
⑩ シャボン玉　24

● 車椅子の人も片麻痺の人もいっしょに！　**プロテク1**
心身機能のレベル差がある場合にはどこに照準を合わせればよいですか？
26

● 車椅子の人も片麻痺の人もいっしょに！　**プロテク2**
目の不自由な方にはどうやって伝えればよいですか？　27

ゲーム編
- ⑪ サッカー 28
- ⑫ 逆ゼスチャー 30
- ⑬ 風船バレー 32
- ⑭ うたを歌う 34

感謝編
- ⑮ 芝居を観る 36
- ⑯ 最高の手紙 38

食事編
- ⑰ ファミレス 40
- ⑱ お好み焼きパーティー 42

● **車椅子の人も片麻痺の人もいっしょに！ プロテク3**
　足の不自由な方がいたら足の運動をしてはいけない？ 44

● **車椅子の人も片麻痺の人もいっしょに！ プロテク4**
　耳の不自由な方にはどんな伝えかたをしたらよいですか？ 45

体操編
- ⑲ カウント1 46
- ⑳ カウント2 48
- ㉑ 手拍子プラス 50
- ㉒ 足ぶみプラス 52

脳トレ編
- ㉓ ○×クイズ 54
- ㉔ あべこべカウント 56
- ㉕ 連想ゲーム 58
- ㉖ くすり指伸ばし 60

● **車椅子の人も片麻痺の人もいっしょに！ プロテク5**
　つまらなそうな顔を見るのが怖い。 62

おわりに レクリエーションを楽しむ極意 63

スキンシップ編

❶ ベストスマイル

「あなたを，ベストスマイル賞として，表彰します」

楽しみかたの秘訣

① スタッフの，最高の笑顔の顔写真を撮影します。
② シニアの方々一人ひとりに，全員の写真を見せて，「最高の笑顔のスタッフ」を選んでいただきます。
③ 上位3人を，ベストスマイル賞として，表彰して讃えます。

最高の笑顔を選ぶには こんなにもメリットがある

あるホテルに泊まったときです。

フロントの横に、ホテルスタッフの写真が2枚。そこには、「今月のベストスマイル賞」と書いてありました。

宿泊したお客様が投票をして、毎月上位2人が、最高の笑顔のスタッフとして選ばれるのです。

ホテルと言えば、クレームがつきもののイメージですが、こういうホテル側の取り組みこそが、スタッフの意欲向上につながると思います。

お客様に選ばれたスタッフにとっても、仕事のやりがいがあります。

結果として、サービスの質の向上につながります。

さらに、スタッフ全員の写真を貼り出しておけば、顔と名前を覚えるのにも、役立ちます。

デイサービスや、老人ホームでも、スタッフの質の向上につながるアイディアです。

スキンシップ編

スタッフが
やりがいを持てる仕組みを

スキンシップ編

❷ 握手！

握手をするとココロがときめきます

楽しみかたの秘訣

① はじめに，二人一組のペアになります。
② 相手の目を見て，ニッコリ笑いながら，やさしく握手をします。
③ 握手が終わったら，また新しい二人一組のペアになります。
④ 同じように繰り返して，参加者全員と笑顔の握手を交わしましょう。

車椅子の方もいっしょにするコツ

（自分一人で）歩ける方に，そこまで移動してもらうように，お願いします。

「手と手を握る」握手をすることの効果

　以前，中学生が施設へ見学に来たときに，ぼくは生徒さんたちに，こんなお願いをしました。

　「今から，ここにいらっしゃる（シニアの）みなさんのところへ行って，握手してきてもらえませんか？」

　そう言うと，全員が散らばって，あちこちで握手会が始まりました。

　シニアの方々からすると，お孫さんのような年齢です。

　みなさんとてもうれしそうに，握手をされていました。

　中には，手を握って「やわらかいわね〜」とよろこんでいる方もいました。

　他人の手を握るのは，なんだか恥ずかしかったり，ドキドキしたりします。

　でも，たまには，そんなときめきもいいと思います。

スキンシップ編

握手で
ふれあいのきっかけづくりを

スキンシップ編

❸ 首飾り

ふれあうきっかけになります

楽しみかたの秘訣

① ひとりに5本ずつ首飾り（紙テープの輪）を首にかけます。
② だれかとジャンケンをして，勝ったら首飾りをひとつ獲得します。
③ 相手を変えて，同じようにジャンケンを繰り返します。
　※同じ人と連続してジャンケンしないようにします。
④ 最後に，首飾りの数を発表します。拍手をして終わります。

車椅子の方もいっしょにするコツ

（自分一人で）歩ける方にジャンケンをしに行くようにお願いします。

足が不自由な方の場合には
こんなふうに

スキンシップ編

　首飾りを増やすゲームです。
　まず，はじめに，首飾りをひとりに5本ずつ配ります。
　ジャンケンして勝てば，首飾りがひとつもらえます。
　こうすることで，自然にたくさんの方と，交流することができます。
　ポイントは，ジャンケンする相手を見つけることです。
　どんどん相手を見つけてジャンケンをする方もいれば，なかなか相手を見つけられない方もいます。
　そういうときには，**スタッフがいっしょに相手を見つけられるように手伝うことで，うまくいきます。**
　参加者の中に，足の不自由な方がいらっしゃる場合には，自立している方（自分の足で歩行可能な方）に，足の不自由な方のところまで行くようにお願いします。
　ジャンケンは，誰とでもしてオーケーですから。そうすることで，心身機能のレベルの差も解消できます。

心身機能のレベル差はジャンケンで解消

スキンシップ編

❹ 折り紙

折りかたを説明する　→　会話がつながる
　　　　　　　　　　　　　　↓
満足感を得る　←　自然なコミュニケーション

楽しみかたの秘訣

① 折り紙を教えるスタッフ1人と，シニア2,3人でグループをつくります。
② ひとりに1枚ずつ折り紙を配ります。
③ スタッフがシニアに，折り紙の折りかたを教えます。折りかたを教えることをとおして，コミュニケーションを重視します。
④ 何を折るかは，相手のレベルに合わせて選びましょう。

人とふれあうために折り紙を活用する

スキンシップ編

　ある介護施設では，毎年，中学生がボランティアに来ます。
　その名も，折り紙ボランティアです。
　その中学校の先生は，**「折り紙は，お年寄りと中学生の絶好のコミュニケーションになる」**と話します。
　中学生とシニアが実際に話をするといっても，なかなかむずかしいものです。
　でも，このやりかたなら，うまく話ができます。
　なぜなら，**折りかたを説明していくうちに，コミュニケーションが成立する**からです。
　つまり，折り紙が会話の懸け橋です。
　もちろん，でき上がったときの達成感もあります。
　介護施設の取り組みから，折り紙のステキな活用方法を学びました。

折り紙は，
人と人をあたたかくつなぐ

マインド編

❺ 手伝いをする

欲求を満たすことで満足感が得られます

楽しみかたの秘訣

① 「手伝いをしたい」という希望者を募集します。（あくまでも希望者）
② いろんな手伝いをいっしょにする中で，その方の得意なこと，または好きなことを観察します。
③ なるべくその方に見合った仕事（得意なことまたは，苦手ではないこと）を探します。
④ 人の役に立つことで，満足感を得ることがねらいです。忘れずに，お礼を言いましょう。

人の役に立つ という満足感がある

「人の役に立ちたい」「人によろこんでもらいたい」

シニアの中には，そう思っている方がいらっしゃいます。

ある老人ホームでは，希望者の方々に，施設の仕事の一部を任せています。

たとえば，かんたんな清掃，洗濯物をたたむ，封筒の糊付け，メモ用紙づくり，などなど。

そして，さらに驚くことに，その老人ホームでは小さな畑をつくって，シニアが野菜を育てて，収穫しています。

まるで，ちょっとした農家です。

その方々にとっては，**仕事をする（働く）ことで，満足感を得ている**のです。

「本当はもっと仕事を頼みたいけれど，仕事が足りない」

ある現場スタッフは，仕事を探すのに苦労していました。

それくらいに，仕事を手伝いたいシニアは，たくさんいらっしゃるのです。

人は，よろこばれることでよろこぶ

マインド編

❻ 人生を物語にする

その方の歴史を知るのが大事

楽しみかたの秘訣

① ご本人またはご家族から，これまでの人生経験や時代背景などをお聞きします。（ご本人が話されるのは，それ自体レクになります）
② その話をもとにして，その人の人生を物語にします。
③ 物語として知ることで，より，その方への理解度を深めるのがねらいです。
④ もちろん，できあがった物語は，その方に印刷してプレゼントします。

シニアの人生を物語にする大切さ

「その人の人生史を知らずに介護することと，知ったうえで介護するのとでは，大きく違いがある」

『最強の介護職，最幸の介護術』(ワニブックス) の著者である山口晃弘さんは，このように言います。

たしかに，テレビのドキュメンタリー番組で，その方の波乱万丈な人生が紹介されると，思わずその内容に引き込まれてしまいます。

「厳しくて大変な時代だったんだなあ」とか，「とても苦労されたんだなあ」など，すごく実感を持ちます。

その実感が，あるのとないのとでは，やはり大違いです。

シニアご本人にとっても，自分のことを話す機会にもなります。

何より，自分のことを理解してくれる人がいるのは，うれしいものです。

大事なのは，頭で理解するより，心で納得することです。

マインド編

頭だけでの理解より
心での納得

マインド編

❼ 夢をかなえる

もう一度ゴルフがしたい

夢の実現を目指す

楽しみかたの秘訣

① シニアの夢を，ご本人から直接聞いたり，ご家族に尋ねたりして，リサーチします。
② したいことがなければ，新たに夢をつくりだす（シニアといっしょに考える）のもありです。
③ 夢の実現に向けて，自分にできることを考えてサポートします。
④ 夢の実現だけでなく，夢の実現に向けて行動するその過程を大切にしましょう。

「またゴルフをしたい」
夢の実現に向けて奇跡的回復

　その男性シニアは，ゴルフが大好きでした。

　ところが，あるけががきっかけで，ゴルフはおろか，自分一人で歩くことさえもおぼつかなくなってしまいました。

　人間，気が滅入ると，身体にもよくありません。表情も暗くなり，口数もかなり減ってしまいました。

　ところが，あるときから，リハビリを開始。

　そこには，**「また，ゴルフをしたい」という夢がありました。**

　人間，目指すものがあると，がんばれます。

　そして，ついに，夢はかないました。

　まるでうそのように体調も回復したのです。

　その驚異の回復ぶりに，まわりで応援した方々も，涙を流すほどでした。

　シニアの夢，あなたが応援してみませんか？

　きっとシニアもあなたも感動します。

マインド編

夢は生きる最高の活力になる

マインド編

❽ 夢をプレゼントする

よろこんでもらいたい気持ちが生きがいになります

楽しみかたの秘訣

① 絵手紙，編み物，かんたんな手工芸など，その方の心身機能レベルに見合った，手作りできるものを探します。
② 手作りのものを，誰かにプレゼントすることを提案します。
③ つくるだけでなく，「プレゼントすることで他人によろこんでもらいたい」など，明確な動機を持つことが意欲向上につながります。
④ モチベーションアップがねらいです。手紙を書いて出すなど，どんなにかんたんなことでもオーケーです。

元気の源は
手作りしてプレゼントすること

マインド編

　先日，ある女性シニアが，ぼくに，手作りのキーホルダーをプレゼントしてくれました。
　実は，その方は，片手が不自由なのでした。
「病院の看護師さんが，つくりかたを教えてくれた」
「はじめは，思うように手が動かなかったけれど，つくっていくうちに，徐々に手が動くようになった」と笑顔で話してくれました。
　なんとその手作りのキーホルダーは，今までに，100個以上もつくっているそうです。
　よいリハビリになるのはもちろんですが，そのあまりにも前向きな気持ちに思わずジーンときてしまいました。
　その方にとっては，**相手に喜んでもらえるのが、何よりの幸せなのです。**
　あらためてお礼を言います。
「素敵なプレゼント，どうもありがとうございました！」

楽しみが生きがいになる

ムードづくり編

❾ いちにいさん・オー！

声を出すと雰囲気が盛り上がります

楽しみかたの秘訣

① 全員で，リズムに合わせて，元気に声を出します。
② やりかたは，「いち，にい，さん」3つかぞえて，最後にこぶしを振り上げて「オー」です。
③ 言葉を強くすると，活気が出ます。
④ 1日の活動の始まりや終わりに，または，レクリエーション活動の最初や最後にすると効果的です。

言うだけで
自然に一体感が生まれる

「いち，にい，さん。オー！」

ぼくは，体操の最後は，全員で声を出して終わりにします。

「ご自分の身体に感謝をして終わりましょう」

そう言って，全員で気持ちと声を合わせます。

全員で，リズムに合わせて声を出すと，そこに仲間意識や，一体感が生まれます。

さらに，最後の締めくくりも，ビシッと締まって終わります。

日本には，「手締め」をして終わるという風習があります。

手締めには，「物事が無事に終わったことを祈ってする」という意味があります。

全員で声を出すのは，ひとつの活動の終わりや，1日の活動の終わりに，おススメです。

では，最後にもう一度。

「いち，にい，さん。オー！」

思い切って，
大きな声を出してみましょう！

ムードづくり編

❿ シャボン玉

ちょっとした演出でも，よろこばれます

楽しみかたの秘訣

① あらかじめシャボン玉を用意しておきます。
② 参加者を集めて，目の前でシャボン玉をとばして見せます。
③ キレイな音楽を聴きながらすると，幻想的な雰囲気になります。

それをするだけで
まるでファンタジーワールド！

　ある音楽療法では，**シャボン玉を活用することで効果を上げている**そうです。

　その話を聞いて，実際に体操のときに試してみました。

　するとどうでしょう！「うわぁ！」という歓声が起きたり，手を伸ばして，シャボン玉をさわろうとする方がたくさんいました。

　自立，要支援や要介護レベルのシニアだけでなく，いつもは関心を示さないような認知症の方もシャボン玉に反応を示していました。

　ぼくは，深呼吸をするときに，「アメイジング・グレース」などのキレイな音楽を流しています。この深呼吸とシャボン玉が，とてもマッチして，気持ちもワクワクしてきます。

　キレイな音楽とシャボン玉がコラボして，なんとも言えず幻想的な光景です。

ムードづくり編

"シャボン玉の中で運動"
ワクワクします。

車椅子の人も片麻痺の人もいっしょに！

プロテク 1

**心身機能のレベル差がある場合には
どこに照準を合わせればよいですか？**

・・・・・・・・・・・・・・・・・・・・・・・・・・・・・・・・・・・・・

徐々にレベルを上げることで
どのレベルにも照準は合わせられます。

　自立，要介護，要支援レベルのシニアが，いっしょに身体を動かす場合，かなり心身機能のレベル差があるので，どのレベルに照準を合わせたらよいのか，悩むところです。
　実は，こたえはかんたんです。**照準はどのレベルにも合わせられる**のです。
　たとえば，参加者の中に，腕があまり上がらない方がいるときには，こう言います。

① 「両手を胸の前に出してみましょう」
② 「次は，両手を顔の高さまで上げてみましょう」
③ 「今度は，両手を頭の高さまで上げてみましょう」
④ 「最後に，一番高い所まで上げてみましょう」

　このように，徐々に，手を高く上げるようにしていきます。そしてポイントは，「まだ余裕がある方は次に」「余裕がなければそこでオーケーですよ」と，1回ずつ確認すること。
　誰もが満足する秘訣は，できる人はできる分だけ，できない人はそれなりに，です。

車椅子の人も片麻痺の人もいっしょに！ プロテク2

目の不自由な方には どうやって伝えればよいですか？

「足ぶみ」など，
言葉だけでかんたんに理解できる動作を
多く取り入れてみましょう。

　参加者の中に，目の不自由な方がいる場合には，どんなふうにして伝えたらいいのでしょうか？

　そんなときにおススメなのは，**言葉だけですぐに理解できる動作を取り入れる**ことです。

　言葉だけで理解できる動作というのは，たとえば，足ぶみです。「足ぶみしましょう」と言えば，誰にでもすぐにわかります。さらに，「いち・にい，いち・にい……」と声を出しながらすると，テンポも合います。

　このほかにも，「グー・チョキ・パー」「バンザイ」「指を折ってかぞえる」「手をたたく」なども，かんたんに理解できる動作です。

　ただし，中には，どうしても言葉だけでは理解がむずかしい動作もあります。なので，すべてを完璧にするには無理があります。

　「間違えたって気にしない」

　「できることだけでよい」

　目の不自由な方の場合には，そう言って，**はじめに不安を取り除いておくのが大切**です。

ゲーム編

⓫ サッカー

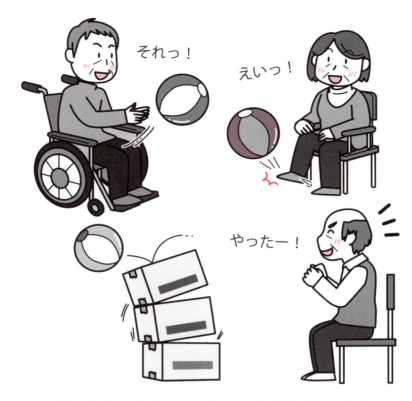

輪投げや，的当てよりも，的が大きいので，
かんたんで，迫力があります

楽しみかたの秘訣

① 全員が円形になって椅子に腰かけます。
② 円の真ん中あたりに，段ボール箱を3つ重ねておきます。
③ 段ボール箱を目がけて，ビーチボールを蹴ります。または，手で投げてもオーケーです。
④ 見事，段ボール箱を打ち落とせば大成功です。

車椅子の方もいっしょにするコツ

手で投げてもよいようにします。

シンプルイズベスト！
命中させて落とすだけ

　ビーチボールが段ボール箱に命中すると，参加者からは，「おおー」という歓声が上がります。

　段ボールが揺れて落ちそうになると，いっそう雰囲気は盛り上がります。

　これをすると，いつのまにか全員が一丸となるのです。

　段ボール箱が落ちたときは，もう拍手喝采です。

　誰かが成功しても，全員でよろこびを分かち合えるのがこのゲームのよさです。

　さらに，ルールもないので，誰にでも，かんたんです。

　もしかんたん過ぎたら，円を大きくすれば，箱までの距離が遠くなるのでむずかしくできます。むずかしいときは，その反対のことをして微調整してください。

　手または足のどちらでもオーケーにすれば，足が不自由な方にも対応できます。

ゲーム編

なかなか落ちないぐらいが楽しい

ゲーム編

⑫ 逆ゼスチャー

全員でいっしょにゼスチャーします

楽しみかたの秘訣

① あらかじめ，ゼスチャーゲームのお題を考えておきます。
② 解答者をひとり選び，解答者以外の全員にゼスチャーゲームのお題を知らせます。
③ 解答者以外の全員が，身振り手振りをして，お題がわかるように伝えます。
④ 解答者が正解すれば，見事大成功です。

解答者はひとり
全員同時にゼスチャーする

　一般的に，ゼスチャーゲームといったら，誰かひとりが，仲間に身振り手振りをして，表現します。

　でも，逆ゼスチャーは，その反対です。**解答者はひとりだけで，全員でゼスチャーをします。**

　はじめに必ず伝えておきたいのは，「ゼスチャーする方が，お題を声に出して言わない（読まない）」ことです。

　口に出してしまうと，そこで終わってしまいますから。

　お題は，たくさん用意しておくと安心です。

　なるべくかんたんに身振り手振りできそうなもの，たとえば，「山」「とり」「飛行機」「ボート」など。「ラーメン」「ライオン」などでもおもしろそうです。

　「納豆」がお題のときには，全員がいっせいに納豆を混ぜるかっこうをしたのを見て，思わず笑ってしまいました。

　こたえるのがむずかしければ，解答者を，２人，または３人に増やしてもオーケーです。

ゲーム編

全員の協力が正解を導き出す

ゲーム編

⓭ 風船バレー

あえてハンデなしの真剣勝負です

楽しみかたの秘訣

① 2チームに分かれて，風船でバレーボールをします。
② けがの予防のために必ず準備運動をしてから始めます。
③ 風船を落としたら，（相手チームの）得点になります。
④ 何回で返してもオッケーです。
⑤ どちらが勝っても負けても，勝敗に関係なく，全員で拍手をして終わりにしましょう。（勝敗よりプレイ重視）

勝敗に関係なく
本気のプレーで満足感を得る

　ある特別養護老人ホームの風船バレーは，全員本気なのだそうです。

　ぼくが特にいいと思うのは，**たとえ年齢や心身機能レベルに差があっても，ハンデをつけたりしない**ことです。

　全員本気，一切ハンデなし。そこに，風船バレーの本当の楽しみかたがあります。

　施設によっては，勝ち負けをつけないやりかたをするところもあるようです。

　でも，ぼくは，勝ち負けをつけたほうがハッキリしていていいと思います。

　そんなことより，プレーで満足すれば，勝ち負けなんてどうでもいいと思います。どうでもいいからこそ，あえて，よけいな気をつかわずにはっきり勝ち負けはつけるべきです。

　「ただいまの勝負，10対9で白組の勝ちです」

　そう言って，全員で拍手をして終われば，気持ちもスッキリします。

ゲーム編

真剣勝負。
だからこそ楽しい

ゲーム編

⑭ うたを歌う

下を向いてしまうと，姿勢が悪くなります

楽しみかたの秘訣

① あらかじめ，歌詞を模造紙に大きな字で書いておきます。
② はじめに，声を出す，口をあける，肩を上げる，下げるなど，かんたんなウオームアップをします。
③ 歌いたいうたを選んで，全員で歌います。
④ 口を大きくあけて，声を出して歌いましょう。

目の不自由な方もいっしょにするコツ

歌う直前に，歌詞を声に出して教えます。

歌詞を配るより模造紙に書いたほうがいい理由

　うたを歌うときに，模造紙に書いたほうがいい理由は，そのほうが**自然によい姿勢になる**からです。

　では，どうして歌詞を配るとよくないかというと，まず，歌詞を見ようとするので顔は下を向いてしまいます。また，背中も丸まるので声も出づらくなります。

　なので，模造紙に書いて，**前を見るようにしたほうがよい**のです。

　黒板やホワイトボードに書くのもよいのですが，スペースが限られ一度に何曲も書けないのがデメリットです。

　その点，模造紙ならば問題ありません。

　もしも，模造紙も黒板もホワイトボードもなければ，誰かが歌詞を見ながら，次の歌詞をワンテンポ早く言って教える方法もありです。

　うたを歌うにしても，ちょっとした工夫で運動効果もよりアップするのです。

> シニアが大きな声を出せる工夫を

感謝編

⑮ 芝居を観る

セリフを忘れるのも，それはそれでおもしろいです

楽しみかたの秘訣

① スタッフの方々で，簡単な演劇を披露します。
② あらかじめストーリーや台詞を決めておきます。
③ 観客のみなさんによろこんでいただくために，本番に向けて稽古をしましょう。
④ 芝居の上手下手は関係ありません。楽しんでやりましょう。

観ている人たちに
よろこんでもらいたい

　あるデイサービスで，演劇を披露したところ，観ていたシニアの方々は，思わず涙を流して感動したそうです。

　しかも演劇をしたのは，プロの役者さんではなく，現場スタッフの方々です。

　「みなさんによろこんでもらえて，練習の甲斐がありました」あるスタッフは，とてもうれしそうにそう話してくれました。

　また，ある老人ホームでは，演劇で「金色夜叉（こんじきやしゃ）」をしました。

　その配役がお見事！

　なんとお宮（女性）役は，施設長（男性）だったのです！

　施設長といえば，老人ホームのトップ。みなさんは，大いによろこばれたそうです。

　演じる方は大変かもしれませんが，芝居の上手下手（じょうずへた）は関係ありません。

　よろこんでもらいたい気持ちは必ず伝わります。

感謝編

演じるだけで
よろこんでもらえる

感謝編

⑯ 最高の手紙

"いつもありがとうございます"
たった一言だけでも気持ちは伝わります

楽しみかたの秘訣

① 感謝の気持ちを手紙に書いてわたします。
② 「いつもありがとうございます！」たった一言だけでもオッケーです。
③ 字の上手下手は関係ありません。感謝の気持ちをきちんと言葉にして相手に伝えてみましょう。

感謝の気持ちを手紙にすれば きっとよろこばれる

　ぼくは，いつも一筆箋を持ち歩いています。

　はじめて体操に参加された方や，体調を崩されてお休みされていて，久しぶりに参加された方などに，「今日は，ご参加くださいまして，ありがとうございました」と，メッセージを書いて贈ります。

　お礼の気持ちを文字にして伝えれば，相手の方にも，きっとよろこんでもらえます。

　また，ある女性シニアが，体調不良で入院されたと知ったときは，「早く元気になってください」と手紙を書いて，現場スタッフの方に届けてもらいました。

　あとで，「斎藤先生からお手紙をいただいて，とてもよろこんでいました」と聞きました。

　感謝のことばを手紙にすれば，きっとよろこんでもらえます。

　そんな手紙，誰かに書いてみませんか？

感謝編

手紙には，人を元気にする力がある

食事編

⑰ ファミレス

外出する，好きなものを選ぶ，食べる，おしゃべりする
外食の効用です

楽しみかたの秘訣

① ファミレスなどで，外食を楽しみます。
② 外出する，自分の好きなものを選ぶ，食事する，おしゃべりするなど など，外食の良さを，存分に楽しみましょう。
③ お店によっては，メニューを貸し出すサービスもあります。人数が多い場合には，あらかじめメニューをオーダーしておくのも可能です。じょうずに活用しましょう。

外食もレクリエーション
「食」を楽しもう

　ある介護施設に行ったときのこと。

　そこでは，2, 3人の女性シニアが，何かを真剣に見ていました。

　それは，よく見てみると，なんとファミレスのメニューでした。

　後日，ファミレスで食事をするので，メニューを選んでおいて，あらかじめオーダーするのだそうです。

　何よりも印象に残っているのは，メニューを見ているときのいきいきとしたその表情です。

　食べるときより，選んでいるときの方が楽しいんじゃないかと思うくらいです。

　改めて，「食」の楽しみかたを知りました。

　ちなみに，同行のスタッフは，ドリンクバイキングだったので，飲み物を運ぶのに，大忙しだったそうです。

　やっぱり，花より団子。

　自分の好きなものを選んで食べるのは，最高の楽しみです。

外食は最高のレクリエーション

食事編

食事編

⑱ お好み焼きパーティー

男性シニアは，役割があれば参加しやすいものです

楽しみかたの秘訣

① お好み焼きの，具材，道具を用意しておきます。
② 参加者に，お好み焼きのつくりかたを，かんたんに説明します。
③ 野菜を切る，お好み焼きを焼く，料理を運ぶ，など役割を分担します。
④ 最後は，自分たちでつくった料理を，美味しくいただきましょう。

お好み焼きパーティーが男性シニアにも受け入れられた理由

「もっと多くの男性シニアにレクリエーションに参加してもらいたい」

ある介護施設では，ゲームや体操などのレクリエーション活動への男性シニアの参加が少ないのが悩みでした。

そこで何をしたかというと……，なんとお好み焼きパーティーでした。

意外にも，そのお好み焼きパーティーは男性シニアにも好評だったそうです。

ぼくが思うには，**男性シニアは，レクリエーション活動が嫌いというより，集団活動が苦手な**（方が多い）ようです。

お好み焼きパーティーと体操やゲームなどの大きな違いは，役割分担があることです。

全員がいっしょに同じことをするわけではないので，そのことが，集団が苦手な人にも受け入れられたのだと思います。

自分でつくるという楽しみもある

車椅子の人も片麻痺の人もいっしょに！
プロテク3

足の不自由な方がいたら足の運動をしてはいけない？

全員で同じ運動をするより，自分にできることをするように伝えましょう。

「（体操をするときに）足の不自由な方がいるのに，足の運動をしてもいいのでしょうか？」という質問を聞きます。みなさんは，どう思いますか？

結論から言うと，ぼくは足の運動をします。ただし，必ず，はじめに，ご本人と直接お話をします。内容は次の通りです。

① 自分にできる運動だけをすればオーケーです。
② 全部の運動を完璧にする必要はありません。
③ ほかの方と同じようにできなくても大丈夫です。
④ 身体を動かそうという気持ちが大事です。

シニアは，一人ひとり，心身機能のレベルに著しい差があります。なので，全員で，同じ運動を同じようにするにはかなり無理があります。

だから，**無理をせずに，それぞれが自分にできることをすればよい**。そんなふうに，考えてみましょう。

車椅子の人も片麻痺の人もいっしょに！
プロテク 4

耳の不自由な方には
どんな伝えかたをしたらよいですか？

オーケストラの指揮者のように
身振り手振りで表現する。

　参加者の中に，耳の不自由な方がいる場合には，どうやって伝えたらいいのでしょうか？

　こたえはかんたん。**見ただけでわかるようにすればオーケー**です。ポイントは，すべてを身振り手振りで表現して，口では説明する必要のないようにすることです。

　では，いきなり問題です。

　「あなたがグー・パーをするときに，目の前にいる相手も，いっしょにグー・パーしたくなるように動いてください。ただし，言葉は一切言わないこととします」

　そう言われて，あなたは，どう考えるでしょうか？

　派手にオーバーなアクションをする。

　相手に語りかけるように目を見る。

　思い切って表情に気持ちを込める，などなど。

　あなたの考えたこと，すべて正解です。

　オーケストラの指揮者のように，**ここでこうしてほしいという強い気持ちをもって，全身で表現すれば必ず相手に伝わります**。

体操編

⑲ カウント1

口と手をいっしょに動かせば,
どちらかだけでもできる可能性が高くなります

楽しみかたの秘訣

① 「ひとつ,ふたつ……」と手をたたいて,「とお」までかぞえます。
② 大きく口を空けて,声を出すようにします。
③ 「ひとおーーーつ」と,言葉を伸ばすようにすると,口が大きく空きます。
④ 顔の体操をするつもりで,顔全体を動かすようにしてみましょう。

片麻痺の方もいっしょにするコツ

声を出すだけでもよいし,ひざをたたくようにしてもオーケーです。

思い切って大げさに口を空けてみよう！

　数をかぞえながら手をたたきます。

　かぞえかたのコツは，**ちょっと大げさに口を空けてみる**ことです。

　「ひとおーーーつ」と，**長く伸ばして，声を出すようにする**と，口が大きく空くようになります。

　特におススメなのは，「変顔」です。

　やりかたは，かんたん。声を出すときに，目玉を上にするだけです。顔は前を向いたままで，目玉だけを上です。

　見本を見せるだけで，笑いがおきます。

　今までニコリともしなかった方も，これをしたら大爆笑でした。

　実はこれ，笑いヨガという，ヨガのひとつなのです。

　そんなこと，恥ずかしがってやらない，と思うかもしれませんが，意外とみなさん，おもしろがってやります。

　ぜひ，お試しあれ！

> 変な顔，
> 全員ですれば恥ずかしくない

体操編

⑳ カウント2

ことばを強くするだけで，元気が出ます

楽しみかたの秘訣

① 親指から順に折って，5本とも折ったあとは順にひらいて，「いち」から「じゅう」までかぞえます。
② 「ふつうに」，「強く」，「より強く」と，声の強さを徐々にパワーアップしていきます。
③ 最後は，「一番強く」して，やってみましょう。
④ おなかから声を出すようにすると，腹筋の強化にもなります。

片麻痺の方もいっしょにするコツ

声を出すだけでもよいし，片手だけでしてもオーケーです。

たったこれだけなのに
適度な運動になる

　「結構いい運動になるわね～」この体操を体験した方の率直な感想です。

　指を折って声を出して 10 までかぞえる。たったこれだけなのに，適度な運動になります。

　ポイントは，「声を強く出すこと」です。

　「いーち，にーい，……」ではなく，「いちっ！，にいっ！，……」です。

　はじめは，ふつうの声から始めて，徐々に声を強くしていきます。

　そして，ラストは，一番強く，最強です。

　「じゅうっ！」まで言い終えると，思わず「はあ～（疲）」って声が出ます。実際に試してみるとご理解いただけると思います。

　ある運動の専門家は，**元気だから声が出るのではなく，声を出せば元気になる**，と言います。

　実際にそのとおりです。

　声を出して，健康になりましょう。

健康の秘訣は，声を出すこと

体操編

㉑ 手拍子プラス

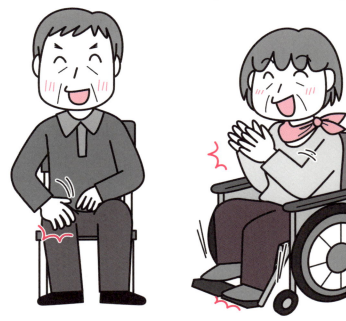

手と足をいっしょに動かせば，
どちらかだけでもできる可能性が高くなります

楽しみかたの秘訣

① 手をたたきながら，同時に，足ぶみをします。
② 手，または足のどちらかだけを動かしてもオーケーです。
③ 無理をせずに，心身機能のレベルに合わせてするようにします。
④ 声を出しながらすると，より全体のムードが盛り上がります。

片麻痺の方もいっしょにするコツ

手でひざをたたいたり，動かせるほうの足だけ動かしてもオーケーです。

足より手を意識するので
運動が長く持続する

　「いちにい，いちにい……」リズムに合わせて手をたたきながら，足ぶみをします。

　ただ，足ぶみするだけだと，すぐに疲れてしまいますし，単調であきてしまいます。

　手をたたくことで，足よりも手の動きに意識が向くので，結果として運動が長続きします。

　気がつくと，いつの間にか，100歩以上歩いています。

　さらに，手と足を同時に動かすのは，参加者の心身機能のレベルに差がある場合にも，とても有効な動作です。

　「手をたたくだけでもオーケーですよ」

　そう言って，気軽に身体を動かしてもらえるようにします。

　おススメは，手を強くたたくこと。

　手の動きに足が連動しますので，自然に足にも力が入るようになります。足腰の筋力強化につながります。

いつのまにか動いている
ような運動です

体操編

㉒ 足ぶみプラス

動かすのは，手と足，それに口です

楽しみかたの秘訣

① 足ぶみをしながら，腕を前後に大きく振ります。
② 足，または腕のどちらかだけを動かしてもオーケーです。
③ 無理をせずに，心身機能のレベルに合わせてするようにします。
④ 声を出しながらすると，全体のムードが盛り上がります。

片麻痺の方もいっしょにするコツ

動かせるほうの手や足だけしてもよいし，声を出すだけでもオーケーです。

心身機能のレベル差は
こうして解消しよう

　複合動作とは，ふたつ以上の動作を同時にすることです。

　たとえば，腕を振りながら足ぶみをするのがそうです。

　複合動作をとり入れるメリットは，何もできない方の割合が減ることです。

　たとえば，参加者の中に足が不自由な方がいたとしても，腕だけでも動かすことができます。

　つまり，複合動作をすることで，身体を動かせる人の割合がアップします。何もしない，できない人が減ります。

　心身機能のレベル差がある場合には，複合動作を取り入れることをおススメします。

　「足，または腕どちらかだけでもオーケーですよ」

　「自分にできることをすればじゅうぶんです」

　そう声かけすることで，シニアを励ましています。

身体を動かす
きっかけづくりが大事

脳トレ編

㉓ 〇×クイズ

〇×にすれば，全員が参加できる

楽しみかたの秘訣

① あらかじめ，〇×クイズを用意しておきます。
② こたえは，〇か×を手でジェスチャーします。
③ むずかしいときは，ヒントを出すと，集中力が持続します。
④ 正解した数の多い人を発表して，全員で拍手をして終わります。

なぜシニアには，
〇×クイズが向いているのか？

　あるデイサービスで，クイズをしていました。
　全員でクイズの時間を楽しむはずが……，クイズに参加しているのは，ある特定の方だけだったのです。
　手を挙げるのはいつもその方ばかりで，進行役の現場スタッフも困った様子でした。
　では，より多くの方が参加できるようにするには，どうしたらよいでしょうか？
　おススメは，〇×クイズです。
　クイズを〇×形式にすれば，全員参加が可能になります。
　手を挙げて解答する方法は，全員が積極的な方ならよいのですが，なかには，手を挙げられない方もいらっしゃいます。
　大事なのは，全員が参加しやすい環境をつくることです。
　〇×クイズなら，誰にでも参加できるのです。

全員が最も参加しやすい方法で

脳トレ編

脳トレ編

㉔ あべこべカウント

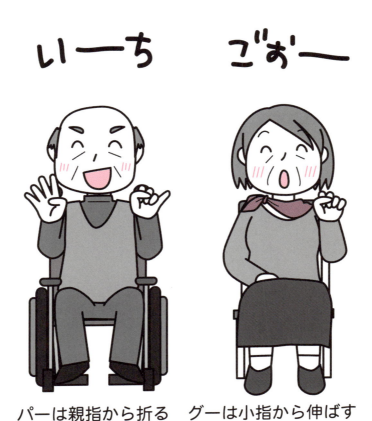

パーは親指から折る　　グーは小指から伸ばす

楽しみかたの秘訣

① 片手をグー，反対をパーにします。
② パーは，親指から順に指を折って，5つかぞえます。
③ グーは，小指から順にひらいて，5つかぞえます。
④ これを両手同時にします。楽しんでやりましょう。

片麻痺の方もいっしょにするコツ

動かせるほうの手だけでしてもオーケーです。

できないのがいけない、より できないのを楽しむ

　シニアのレクリエーション活動を支援する方の中には、「むずかしいレクはしてはいけない」と思っている方がいます。

　どこかで、**できることはよくて、できないことはいけない**と考えているからです。

　または、**むずかしいことをさせて、できなければ、相手にイヤな思いをさせてしまう**と思っているのかもしれません。

　その結果、誰にでもかんたんにできることばかりをしようとします。そうすると、あまりにもかんたん過ぎて、単調な内容になってしまいます。

　このあべこべカウントも、決して、かんたんなことではありません。でも、**できなくったっていいん**です。できるとかできないとかより、むずかしいことでも楽しんでしましょう。

　だからぼくは、「むずかしい」って言う方には、こう言います。

　「できないのを楽しんでください」って。

> むずかしいことも
> 楽しんでしましょう！

脳トレ編

㉕ 連想ゲーム

人数が多いときは3～5人のグループにしても楽しめます

楽しみかたの秘訣

① 二人一組のペアをつくり，紙とペンをひとつずつ配ります。
② 「野菜の名前」「果物の名前」「動物の名前」など，テーマを発表します。
③ テーマにそったこたえを2人でたくさん考えて，紙に書き出していきます。
④ 最後に，こたえを発表して終わります。

かんたんなことを
たくさん考えるようにするのがコツ

　次のふたつの質問を比べてみてください。

「野菜の名前を，ひとつこたえてください」

「野菜の名前を，できるだけたくさん紙に書いてください」

　どちらのほうが，頭を使うと思いますか？

　もうおわかりのとおり，後者のほうです。

　脳トレを楽しんでもらう秘訣は，頭をたくさん使っていただくことです。

　最近のクイズ番組も，次から次へ問題を出して考えさせることで，視聴者を釘付けにしようとしています。

　それと，もうひとつ大事なのは，問題づくりです。

　「野菜の名前」のほかにも，「赤い色をしたもの」「頭に"あ"のつくもの」なんていう問題もありです。

　以前，「甘いもの」という問題を出したら，「大福」「あんぱん」「ようかん」「ケーキ」「砂糖」「クッキー」「チョコレート」……。

　やはり，食べ物には強い関心があるようです。

頭を使う機会をつくるのが満足の秘訣

脳トレ編

㉖ くすり指伸ばし

実際にやってみると，意外に笑う（苦笑い？）方がたくさんいます

楽しみかたの秘訣

① 両手を軽くにぎります（グーにします）。
② ほかの指はそのままで，くすり指だけをまっすぐにピンと伸ばします。
③ 伸ばしたら，指の力を抜いてゆるめます（10回繰り返し）。
④ 指先まで意識を集中するのが大事です。きちんと伸びなくてもオーケーです。

片麻痺の方もいっしょにするコツ

動かせるほうの手だけでしてもオーケーです。

くすり指を伸ばすだけ
口で言うのはかんたんだけど……

「くすり指を伸ばしてみてください」

ぼくがそう言うと，参加者から「えーっ！」という声があがります。

「（くすり指が）伸びない」「（くすり指が）言うこと聞かない」なんて言う方もいます。

苦笑いしたり，むずかしそうな顔をしたり，それまでとは，一気に表情が変わります。

そんなときには，**「伸びなくても大丈夫ですよ」「伸ばそうとする気持ちが大事ですよ」**と言って励まします。

くすり指伸ばしのよいところは，参加者に，必ず反応があることです。

反応があれば，それに応じた対応が可能になります。

ある脳の専門家は，「ひとさし指よりも，くすり指を動かすほうがより多くの神経細胞をつかっている」と言います。

くすり指1本伸ばすだけで，意外にたくさんの効果があるようです。

「くすり指伸ばし」には
驚きの効用あり

車椅子の人も片麻痺の人もいっしょに！
プロテク 5

つまらなそうな顔を見るのが怖い。

シニアの特徴をきちんと理解する。
実際にはつまらないと感じていないものです。

　先日，ある女性シニアがぼくの顔をじーっと見ていました。まったくニコリともしないその表情は，まるで不機嫌そのもの？　にも見えました。どう見ても楽しそうではありません。

　あとでわかったのですが，その女性シニア，実は精神に障害があったのです。

　スタッフの話によれば，その女性シニアは，ふだんは落ち着きがないらしく，その場に腰かけていたことだけでもスゴいと驚いていました。

　そんなことをまったく知らないぼくは，うっかり（体操が）つまらないと勘違いするところでした。それどころか，その場に居続けたということは，少なくとも，その方にとって居心地の悪い場所ではなかったと想像できます。

　これは極端な例ですが，同じような経験が，かぞえきれないほどあります。**表情だけでは，いかにあてにならないか**がわかりました。

　ぜひ覚えておいてほしいのが，**表情に乏しいのがシニアの特徴**です。

　シニアの場合，外見だけで判断するのは禁物です。顔は笑っていなくても，心では笑っているかもしれません。

おわりに
レクリエーションを楽しむ極意

　お手玉を右手で持って，頭の後ろで，左手に持ちかえる。
　これ，片麻痺の方にもできると思いますか？
　じつは，できるんです。

　その女性シニアは，片麻痺にもかかわらず，①右手でお手玉を持って，②頭の後ろから左の肩の上に一度のせておいてから，③最後に，右手を前に持ってきてお手玉をつかんだのです。

　それを見て，思わずこう思いました。
　「そっか！　やろうと思えば片手だってきるんだ！」
　きっと，それまでのぼくだったら，「これは，（片麻痺の方には）できないから，やめておこう」と考えていました。
　でも，それは，大きな間違いでした。
　できるとかできないとかを気にするよりも，できるところまでやってみようと考えるべきだったのです。

　ひとくちに片麻痺といっても，いろいろな性格の方がいらっしゃいます。この女性シニアのように，動かそうと努力する方もいれば，反対に，すぐにあきらめてしまう方もいるかもしれません。

　だからこそ，メンタルが大切です。

　できないことをしないのではなく，できるところまでやる。
　そのために，頑張れるように，メンタルを支援する。
　それが，片麻痺の方も（また車椅子の方も），いっしょにレクリエーションを楽しむ極意です。

著者紹介

●斎藤道雄

　体操講師，ムーブメントクリエイター。クオリティ・オブ・ライフ・ラボラトリー主宰。

　まるで魔法をかけたようにシニアのからだを動かす「体操支援のプロ」として活躍。自立するシニアだけではなく，「要介護シニアにこそ体操支援の専門家が必要」とし，多くの介護施設で定期的に体操支援を実践中。

　言葉がもつ不思議な力を研究し，相手のからだだけではなく気持ちや心に働きかける「斎藤流体操支援法」を編み出す。現場スタッフからは「まるでお年寄りが若返るような体操」「これまでの体操の認識が変わった」と評判になり，顧客を広げる。現場に体操講師を派遣するほか，現場スタッフのための「支援する側もされる側も幸せになる体操支援セミナー」も根強い人気を呼んでいる。

［おもな著書］
『椅子に腰かけたままでできるシニアのための脳トレ体操＆ストレッチ体操』『椅子に腰かけたままでできるシニアのための筋力アップトレーニング』『シニアもスタッフも幸せになれるハッピーレクリエーション』（以上，黎明書房），『介護スタッフ 20 のテクニック―遊びから運動につなげる 50 のゲーム』『身近な道具でらくらく介護予防―50 のアイディア・ゲーム』（以上，かもがわ出版）ほか多数。

事業案内

●クオリティ・オブ・ライフ・ラボラトリー

1．体操講師派遣…デイサービスや介護施設など，自立から要介護までのシニアを対象に，楽しみながらできる集団運動を実践いたします。
2．講演，執筆…おもなテーマ：幼児体育，高齢者体操，レクリエーション，「要介護シニアにも楽しめるかんたんな体操」ほか。
3．人材育成…「集団運動の指導がうまくいかない」「シニアのみなさまに喜んでもらえない」など，シニアの集団運動指導にかかわる方を対象に，楽しい集団運動を実施するためのゲームスキルアップを目指します。

＜お問い合わせ＞
ファックス：03-3302-7955　　メール：info@michio-saitoh.com
http://www.michio-saitoh.com/

イラスト・さややん。

車椅子の人も片麻痺の人もいっしょにできる
新しいレクリエーション

2015 年 11 月 20 日　初版発行	著　者	斎　藤　道　雄
	発行者	武　馬　久仁裕
	印　刷	藤原印刷株式会社
	製　本	協栄製本工業株式会社

発　行　所　　　　　　　　　　　　株式会社　黎明書房

〒 460-0002　名古屋市中区丸の内 3-6-27　EBS ビル　☎ 052-962-3045
　　　　　　　　　FAX 052-951-9065　振替・00880-1-59001
〒 101-0047　東京連絡所・千代田区内神田 1-4-9　松苗ビル 4 階
　　　　　　　　　☎ 03-3268-3470

落丁本・乱丁本はお取替えします。　　　　　　ISBN978-4-654-07642-0

© M. Saito 2015, Printed in Japan